Jane Alford

Kreuzstichmuster Rosen

Nach Zählvorlagen leicht gestickt

Augustus Verlag

Die Deutsche Bibliothek – CIP-Einheitsaufnahme
Kreuzstichmuster Rosen:
nach Zählvorlagen leicht gestickt/ Jane Alford. [Übers. aus
dem Engl.: Erica Mertens-Feldbausch]. – Augsburg:
Augustus-Verl., 1994
ISBN 3-8043-0278-5

Die englische Originalausgabe erschien bei Merehurst Limited,
London, unter dem Titel:
Roses in Cross Stitch
(c) Copyright 1993 Merehurst Limited

Übersetzung aus dem Englischen: Erica Mertens-Feldbausch,
München

Fotografie: Debbie Patterson
Illustrationen: John Hutchinson
Lektorat der deutschen Ausgabe: Helene Weinold
Umschlaggestaltung: Christa Manner, München
Layout: Maggie Aldred

Augustus Verlag Augsburg 1994
(c) Weltbild Verlag GmbH, Augsburg

Satz: satz-studio, Bäumenhein
Reproduktion: Fotographics Limited, UK-Hong Kong
Druck und Bindung: Himmer, Augsburg
Printed in Germany
ISBN 3-8043-0278-5

INHALT

Einführung   4

Grundtechniken   4

Rosen auf dem Tisch   8

Alphabet mit Rosenranken   12

Stiefmütterchen und Rosen   16

Rosenparadies   20

Körbe und Kränze   24

Sommerbild   32

Grußkarten   36

Wilde Rosen   40

Kleine Geschenke   44

Danksagungen   48

EINFÜHRUNG

Die Rose – uns allen wohlvertraut – wird im vorliegenden Buch in nur einigen wenigen ihrer vielfältigen Formen vorgestellt. In dem Stickbild „Rosenparadies" sind die Kletterrosen an der Haustür – Inbegriff eines geruhsamen, romantischen Daseins – in rosafarbenen Knötchenstichen gearbeitet. Und die Rosen auf den drei Kissen des Motivs „Körbe und Kränze" präsentieren sich zusammen mit blauen und malvenfarbenen Blüten in kräftigem Pink; auf einem Kissen in Form eines Kranzes, auf dem zweiten als üppiger Rosenkorb und auf dem dritten in schachbrettartiger Anordnung von Körben und Kränzen. Mit weißer Spitze besetzt, bringen diese hübschen Accessoires einen Hauch von Sommer in Ihr Heim.

Die zarten Pfirsich- und Pinknuancen des Sommerbildes und die pfirsichfarbenen Rosen und Rosenknospen auf Nadelkissen, Lavendelsäckchen und Lesezeichen bilden einen lebhaften Kontrast zu den intensiven Rottönen der Rosen auf dem blütenweißen Tischtuch und den Stiefmütterchen und fuchsienroten Rosen des Sets und der Serviette. Tischtuch und Sets sind für einen schön gedeckten Tisch wie geschaffen.

Der Kreuzstich zählt zu den ältesten und einfachsten Stickstichen überhaupt. Mit Hilfe der Anleitungen auf dieser und den folgenden Seiten gelingen selbst Anfängern viele der hier gezeigten Stickarbeiten. Motive mit einer Vielfalt an Farben und Nuancen erfordern jedoch ein gewisses Maß an Übung und Erfahrung. Ob Anfänger oder mit der Kunst des Kreuzstickens bereits vertraut – gewiß werden Sie an vielen Vorschlägen Gefallen finden und sich begeistert ans Werk machen.

Grundtechniken

Ehe Sie beginnen

Den Stoff vorbereiten

Selbst bei schonendem Umgang mit dem Material neigen gleichmäßig gewebte Stoffe oft dazu, an den Kanten auszufransen. Ratsam ist es deshalb, vor dem Sticken die Ränder mit einfachem Nähgarn zu umstechen.

Anleitungen

Für jedes Modell ist zunächst das erforderliche Material aufgelistet. Sämtliche Motive werden auf Stoffe wie Aida oder Lugana (Hersteller: Zweigart) gestickt. Die Maße enthalten eine Rundum-Zugabe von mindestens 5 cm, damit Sie den Stoff problemlos in einen Stickrahmen einspannen und die Kanten zum Schutz gegen Ausfransen sichern können.

Gestickt wird mit Sticktwist. Die Farben für jedes Motiv sind in einer Tabelle aufgeführt. Normalerweise genügt je Farbe ein Strang Sticktwist; wird mehr Garn benötigt, findet sich bei den Materialangaben ein entsprechender Hinweis.

Das Sticken nach Zählmustern, besonders solchen, in denen mehrere Symbole dicht nebeneinander liegen, ist manchmal weniger mühsam, wenn Sie mit einer vergrößerten Vorlage arbeiten, in der die Quadrate und Symbole deutlicher zu erkennen sind. Für ein paar Pfennige kann man in vielen Fotokopierläden die Zählmuster vergrößern lassen. Noch einfacher wird das Zählen, wenn Sie die Vorlage entsprechend den Symbolen mit Buntstiften farbig ausmalen.

Markieren Sie vor dem Sticken – den Pfeilen im Zählmuster entsprechend – die Mitte des Motivs mit Hilfe zweier senkrecht bzw. waagrecht verlaufender Heftfadenlinien auf dem Stoff.

Die im Zählmuster markierten und in den Stoff gehefteten Mittellinien dienen als Orientierungshilfen zum Auszählen der Quadrate und Gewebefäden und damit zum exakten Plazieren des Motivs.

Sticken mit dem Rundrahmen

Für das Besticken kleiner Flächen wird am häufigsten der Rundrahmen aus zwei ineinander steckenden Ringen (Tamburierrahmen) benutzt. Der äußere Ring besitzt in der Regel eine Stellschraube, mit deren Hilfe der Stoff straff gespannt werden kann. Rundrahmen sind in unterschiedlichen Größen mit Durchmessern von 10 cm bis 38 cm erhältlich und oft mit einer Tischhalterung oder einem Bodenständer ausgestattet.

1 Legen Sie die Fläche, die bestickt werden soll, über den inneren Ring und schieben Sie den äußeren Ring mit gelockerter Stellschraube darüber. Zur Vermeidung von Druckstellen kann man ein Blatt Seidenpapier über den Stoff legen, mit einspannen und das Papier nach dem Festziehen der Stellschraube über der zu bestickenden Fläche wieder abreißen.

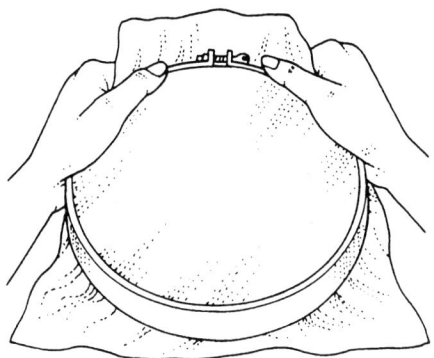

2 Vor dem Festziehen der Stellschraube den Stoff glätten und – falls erforderlich – den Fadenlauf gerade ausrichten. Das Material sollte gleichmäßig gespannt sein.

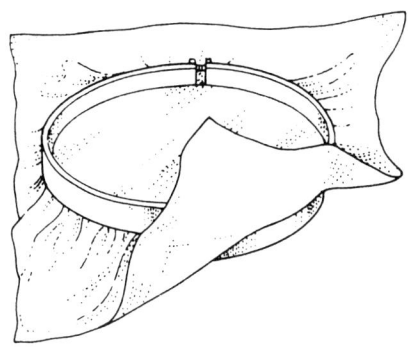

Sticken mit dem Viereck-Rahmen

Viereckige Rahmen, sogenannte Leistenspannrahmen, sind für größere Stickarbeiten besser geeignet. Sie bestehen aus zwei Rollen, auf denen der Länge nach ein robustes Band befestigt ist, und zwei flachen Seitenleisten, die durch Schlitze in den Rollen geschoben und mit Zapfen oder Schrauben verankert werden. Leistenspannrahmen sind in unterschiedlichen Größen, auch mit verstellbarem Bodenständer oder Tischhalterung erhältlich. Die Größe wird von der Länge bzw. Breite der mit Band ausgestatteten Rolle bestimmt und liegt zwischen 30 cm und 68 cm. Als Alternative zum Leistenspannrahmen kann man sich auch mit einem Keilrahmen für Künstlerleinwand, einem Batikrahmen oder der Rückseite eines ausgedienten Bilderrahmens behelfen. In diesem Fall schlägt man einfach – vorausgesetzt die Stoffzugabe rund um die fertige Stickerei reicht aus – die Kanten einmal um und fixiert sie mit Reißnägeln oder Heftklammern am Rahmen.

1 Schneiden Sie zum Sticken im Leistenspannrahmen den Stoff in Größe der fertigen Stickerei plus eine Rundumzugabe von 5 cm zu. Die Ober- und Unterkante 12 mm breit umschlagen und heften, und auf die beiden Seitenkanten ein 2,5 cm breites, robustes Band aufsteppen. Anschließend die beiden Mittellinien mit Heftstichen markieren. Nähen Sie nun mit kräftigem Faden und von der Mitte nach außen arbeitend die Ober- und Unterkante am Stick-

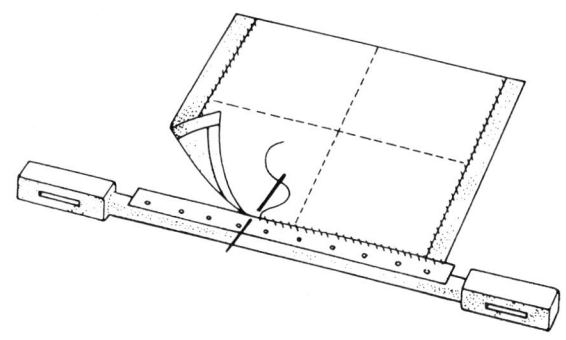

rahmenband fest. Die Seitenleisten in die Schlitze schieben und überschüssigen Stoff auf eine der beiden Rollen aufwickeln, bis die Stickfläche straff gespannt ist.

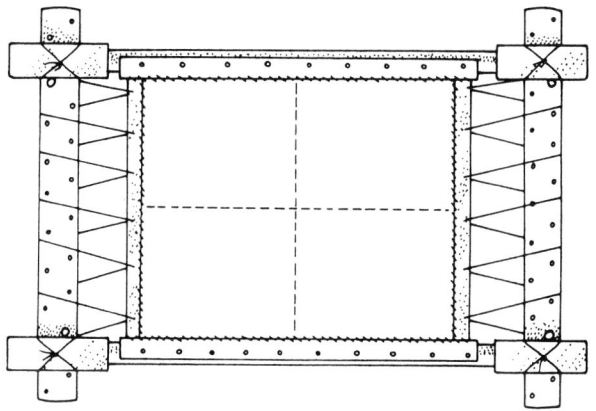

2 Die Zapfen einschieben bzw. die Schrauben so fest anziehen, daß der Rahmen zusammenhält. Fädeln Sie nun in eine Nadel mit großem Öhr (Teppich-Nadel) einen kräftigen Faden oder eine dünne Schnur, schnüren Sie die mit Band besetzten Seitenkanten zickzackförmig und in Abständen von 2,5 cm an den Seitenleisten so fest, daß der Stoff dabei gleichmäßig gespannt wird (siehe Abbildung), und verknoten Sie Faden- oder Schnurende fest an den Rahmenecken.

Anstückeln

Kleine Stücke Stickereistoff, beispielsweise für Lesezeichen, lassen sich für das Einspannen in einen Rundrahmen ohne weiteres anstückeln.

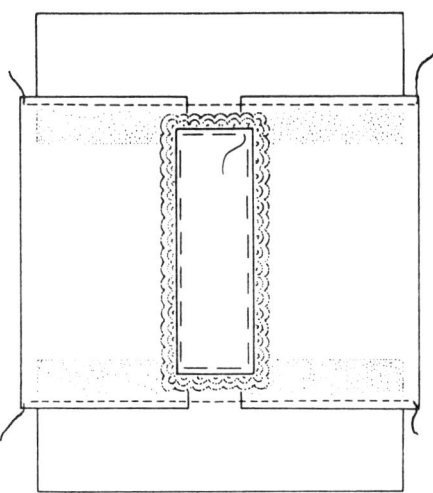

Verwenden kann man dafür Stoffreste ähnlicher Qualität. Schneiden Sie einfach vier Stücke in passender Größe zurecht, heften Sie sie der Abbildung entsprechend an den Stickereistoff und spannen Sie dieses „Patchwork" wie gewohnt in den Rundrahmen.

Ecken abschrägen

Den Stoff in der angegebenen Breite nach innen umschlagen, bügeln und den Einschlag wieder aufklappen. Anschließend die Ecke der Zeichnung entsprechend nach innen knicken, den Saum entlang der Bügellinie gleichfalls wieder einschlagen und die diagonalen Kanten und den Saum mit Hohlstichen festnähen.

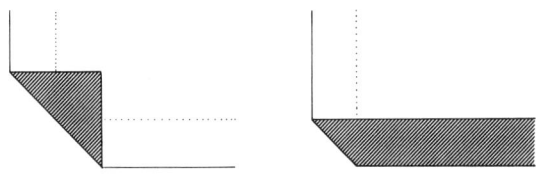

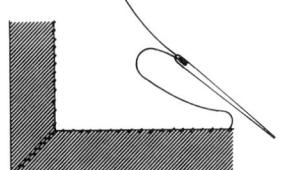

Stickereien aufziehen

Schneiden Sie ein Stück starken Karton in Größe der fertigen Stickerei mit einer Rundumzugabe von 6 mm für den Falz im Bilderrahmen zu.

Leichte Stoffe

1 Breiten Sie die Stickerei mit der Rückseite nach oben aus und legen Sie den Karton auf die Mitte ausgerichtet so auf, daß Heftfaden und Bleistiftlinien übereinstimmen. Die Ecken nacheinander diagonal einschlagen und mit Klebeband fixieren.

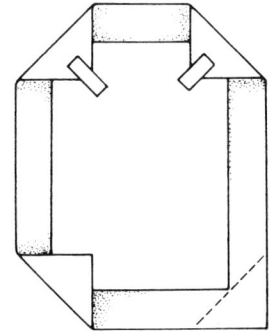 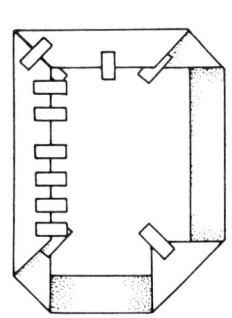

2 Schlagen Sie nun mit einer Seite beginnend den Stoff ein und fixieren Sie ihn in Abständen von ca. 2,5 cm mit Klebeband (siehe Abbildung). Auch die Ecken mit Klebeband fest zusammenhalten, so daß der Stoff straff und faltenlos gespannt ist.

Schwerere Stoffe

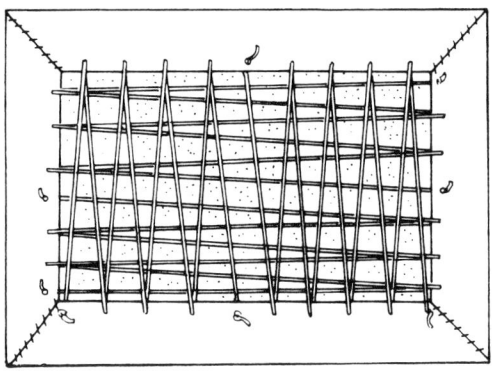

Breiten Sie die Stickerei mit der Rückseite nach oben aus und legen Sie den Karton mittig darauf. Den Stoff an zwei gegenüberliegenden Seiten umschlagen, die Ecken abschrägen und die Stoffkanten mit robustem Faden im Zickzackverband zusammenhalten (siehe Abbildung). Mit den beiden anderen Seiten ebenso verfahren. Abschließend den Stoff über dem Karton nochmals straffziehen und die abgeschrägten Ecken mit überwendlichen Stichen zusammennähen.

Kreuzstich

Für sämtliche Kreuzsticharbeiten werden die folgenden beiden Methoden angewandt. In beiden Fällen entstehen auf der Rückseite des Stoffes gleichmäßige Reihen von senkrechten Stichen.

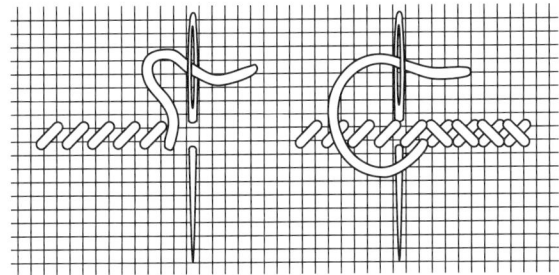

Beim Besticken großer Flächen arbeitet man in horizontalen Reihen. Sticken Sie zunächst – links oben beginnend – die erste Reihe gleichmäßig voneinander entfernter, diagonaler Stiche über die in der jeweiligen Anleitung angegegebene Zahl von Gewebefäden. Dabei führt der Grundstich immer von links unten nach rechts oben. Anschließend wird diese Stichfolge – nun von rechts nach links arbeitend – in der Rückreihe wiederholt. Die Deckstiche führen stets von rechts unten nach links oben. Fahren Sie mit der Arbeit in dieser Weise fort und achten Sie darauf, daß sich alle Stiche in derselben Richtung kreuzen.

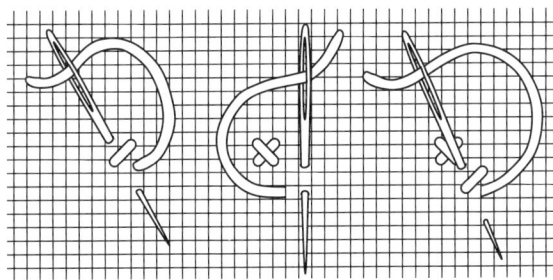

Bei diagonal verlaufenden Reihen arbeiten Sie von oben nach unten und stellen jeden Kreuzstich einzeln fertig, ehe Sie den nächsten sticken. Beginnen Sie jede Stickarbeit in der Mitte und arbeiten Sie von innen nach außen. Damit stellen Sie sicher, daß das Motiv in der Mitte des Stoffes sitzt.

Knötchenstich

Dieser Stich ist in einigen Zählmustern als kleiner Punkt markiert. Sind mehrere Knötchenstiche erforderlich, wurden die Pünktchen zur Vermeidung von Irrtümern weggelassen. Halten Sie sich in diesem Fall an die Stickanleitung und an das Farbfoto.
Führen Sie für einen Knötchenstich Nadel und Faden knapp rechts von der Stelle, an der er sitzen soll, an die Stoffoberseite, legen Sie je nach gewünschter Größe des Knotens den Faden ein- bis zweimal um die Nadel und stechen Sie links von der Ausstichstelle wieder ein.

Ziehen Sie den Faden nicht allzu kräftig an, damit der Knoten nicht auf der Stoffunterseite verschwindet. Die Zahl der für die Knötchenstich verwendeten Stickfäden ist der jeweiligen Stickanleitung zu entnehmen.

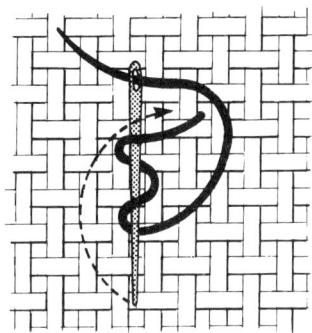

Rückstich

Mit dem Rückstich (Steppstich) werden Trennlinien, Konturen oder Schatten herausgearbeitet. Er läuft über dieselbe Anzahl von Gewebefäden wie der Kreuzstich und bildet eine durchgehende, gerade oder diagonal verlaufende Linie.
Machen Sie den ersten Stich von links nach rechts; führen Sie die Nadel an der Stoffunterseite nach vorn und dann eine Stichlänge links vom vorangehenden Stich wieder an die Stoffoberseite. Die Stichfolge entlang der vorgegebenen Linie fortsetzen.

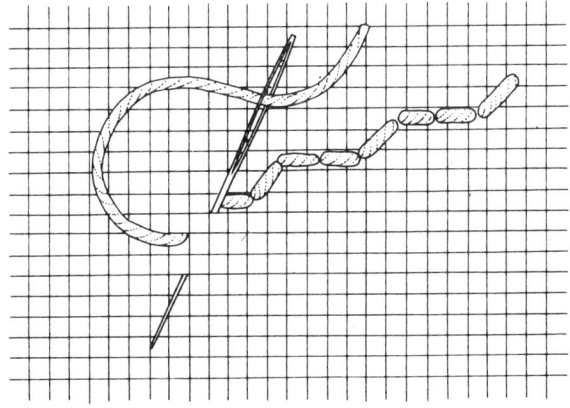

Namen und Daten

Zeichnen Sie Namen und Daten in Form der in der Anleitung vorgegebenen Buchstaben und Zahlen zunächst auf Millimeterpapier. Ermitteln Sie dann der Breite nach die Zahl der Kreuzstiche für Namen oder Daten und markieren Sie die Mitte. Anschließend die Buchstaben und Zahlen erneut einzeichnen und die Mitte jeweils mit der Mitte des Zählmusters in Übereinstimmung bringen.

Rosen auf dem Tisch

Einen Hauch romantischer Verspieltheit vermittelt dieses bildschöne, mit einem Kranz roter Rosen bestickte Tischtuch; dazu passend eine Kristallschale und ein Bild im Silberrahmen. Selbst in einem düsteren Raum heitert ein solches Arrangement die Atmosphäre auf und erfüllt sie – wenn man die Schale mit duftenden Trockenblüten füllt – mit dem feinen Wohlgeruch des Sommers.

Rosen auf dem Tisch

Material

Für das Tischtuch, ca. 100 cm x 100 cm:

90 cm x 90 cm weißer Handarbeitsstoff Lugana
(von Zweigart), ca. 100 Fäden/10 cm
Sticktwist in den in der Tabelle angegebenen Farben
3 m fertige Spitzenrüsche, 9 cm breit
Sticknadel Nr. 24

Für den Deckel der Kristallschale (ø 9 cm):

14 cm x 14 cm weißer Stern-Aida-Stoff, ca. 54 Stiche/10 cm
Sticktwist in den in der Tabelle angegebenen Farben
Sticknadel Nr. 24
Kristallschale mit Montagedeckel

Für das Bild in einem ovalen Rahmen 8 cm x 10 cm:

13 cm x 15 cm weißer Stern-Aida-Stoff, ca. 54 Stiche/10 cm
Sticktwist in den in der Tabelle angegebenen Farben
Sticknadel Nr. 24
Ovaler Bilderrahmen

Sticken

Den Anleitungen auf Seite 5 entsprechend den Stoff vorbereiten und in einen Stickrahmen spannen. Da der Handarbeitsstoff gleichmäßig und fest gewebt ist, können Sie aber auch ohne Rahmen sticken. Beginnen Sie mit dem inneren Kreis, sticken Sie dann weiter von innen nach außen und halten Sie sich dabei an das Zählmuster. Arbeiten Sie mit zwei Fäden in der Nadel und sticken Sie jeden Kreuzstich über zwei Gewebefäden.

Fertigstellen

Die Stickerei von links dämpfen. An den Außenkanten einen 12 mm breiten Saum nähen und die Ecken abschrägen (siehe Seite 6). Messen Sie nun an jeder Seite von den beiden Ecken aus jeweils 24 cm nach innen und markieren Sie diese Punkte mit weichem Bleistift 12 mm von der Kante entfernt auf der rechten Seite des Tischtuches.
Die Spitzenrüsche 12 mm von der Außenkante entfernt auf das Tischtuch stecken und heften. Sobald Sie die erste Bleistiftmarkierung erreichen, die Rüsche quer über die Tischtuchecke zur nächsten Markierung heften. An den übrigen Ecken ebenso verfahren und abschließend die Rüsche mit Hohlstichen festnähen.

Kristallschalen-Deckel und Bild

Den Anleitungen auf Seite 5 entsprechend den Stoff vorbereiten, die Mittellinien des Motivs mit Heftstichen markieren und den Stoff in einen Rundrahmen spannen. Sticken Sie jeden Kreuzstich zweifädig über zwei Gewebefäden und arbeiten Sie, in der Mitte beginnend, nach außen. Die fertige Stickerei dämpfen und den Herstelleranleitungen entsprechend montieren.

Bild ▶

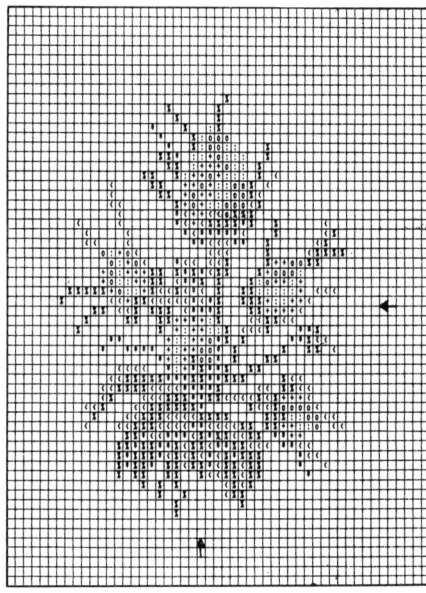

Kristallschalen-Deckel ▼

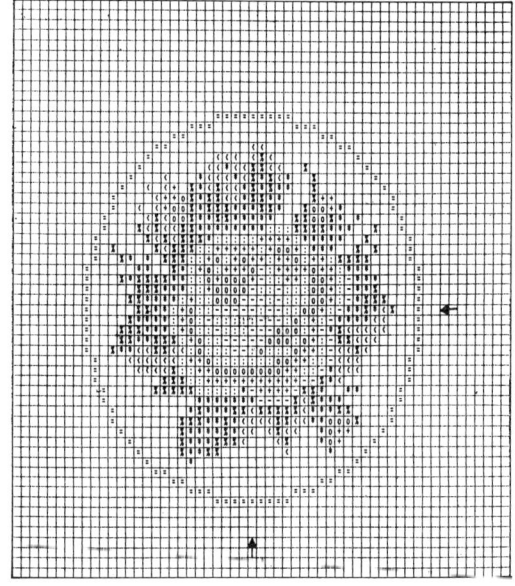

▲

Tischtuch

Tischtuch, Kristallschalen-Deckel und Bild:	DMC	ANCHOR	MADEIRA			DMC	ANCHOR	MADEIRA
− Rosa	892	28	0413	‹ Hellgrün	369	213	1309
: Hellrot	666	46	0210	% Mittelgrün	368	214	1310
+ Mittelrot	304	42	0511	✳ Dunkelgrün	367	216	1312
o Dunkelrot	814	44	0514	= Grau	415	398	1803
Anmerkung: 1 Strang von jeder Farbe reicht für alle drei Motive							

Alphabet mit Rosenranken

Dieses stilvolle Mustertuch beschwört
Gedanken an Sommer und Sonne herauf.
Von anmutigen Rosenranken eingerahmt,
bildet der üppig mit Rosen gefüllte Korb
den reizvollen Mittelpunkt. Die zarten
Nuancen von Rosa, Blaulila und Blau der
Rosen harmonieren mit den kühlen
Grüntönen von Olive, Salbei und Linde,
in denen die Blätter gehalten sind.

Alphabet mit Rosenranken

Material

Für das Mustertuch mit einer Motivgröße von 26,5 cm x 31 cm oder 154 x 175 Kreuzstichen und einem Rahmen von 42,5 cm x 46 cm:

36,5 cm x 41 cm weißer Stern-Aida-Stoff, ca. 54 Stiche/10 cm
Sticktwist in den angegebenen Farben
Sticknadel Nr. 24
Starkes Garn zum Aufziehen der Stickerei auf Karton
Karton zum Aufziehen in Rahmengröße
Rahmen nach Wahl

Sticken

Bereiten Sie den Anleitungen auf Seite 5 entsprechend den Stoff vor und spannen Sie ihn in einen Stickrahmen. Sticken Sie von der Mitte aus beginnend nach dem Zählmuster, arbeiten Sie zweifädig und sticken Sie jeden Kreuzstich über ein Gewebequadrat. Achten Sie darauf, daß alle Deckstiche in von rechts unten nach links oben zeigen und daß Sie in jeder Reihe in dieselben Löcher wie bei der Ober- oder Unterkante der vorangehenden Reihe einstechen, damit keine Zwischenräume entstehen.

Die Konturen des Korbes mit einfädig gestickten dunkelbraunen Rückstichen betonen.

Die angegebenen Farbtöne dürften sich sehr gut in das Farbschema eines Schlafzimmers einfügen. Aber auch mit Blättern in kräftigeren Grün-Nuancen und Rosen in leuchtendem Hochrot und dunklem Magenta-Rot würde dieses Mustertuch nicht weniger reizvoll wirken. Anstelle des englischen Beispieltextes können Sie Ihren Namen oder einen anderen Text Ihrer Wahl einsticken.

Fertigstellen

Die fertige Stickerei vorsichtig von links dämpfen und den Anleitungen auf Seite 6 entsprechend montieren. Zum Rahmen empfiehlt sich ein doppeltes Passepartout mit dunklerem Innenrand, durch den das Bild plastischer wirkt. Ziehen Sie die Stickerei aber noch nicht auf Karton auf, solange Sie keinen passenden Rahmen haben und nicht wissen, ob Sie zudem ein Passepartout (doppelt oder einfach) brauchen. Rahmen- und Passepartout-Größe sind ausschlaggebend dafür, wieviel Stoff Sie rund um das gestickte Motiv zugeben müssen.

Alphabet mit			
Rosenranken ◄	DMC	ANCHOR	MADEIRA
╱ Hellrosa	3689	66	0606
: Rosa, mittel	3688	68	0605
‹ Dunkelrosa	3685	70	0514
› Blaulila, hell	211	342	0801
╲ Blaulila, mittel	210	109	0803
c̄ Blaulila, dunkel	208	111	0804
v Gelb	3078	292	0102
╪ Hellblau	932	920	0907
+ Dunkelblau	311	148	1007
o Hellgrün	369	213	1309
r Mittelgrün	320	215	1311
s Dunkelgrün	319	217	1313
w Hellbraun	842	376	1910
x Mittelbraun	841	378	1911
z Dunkelbraun	840	379	1912
Braun, sehr dunkel	938	381	2005

Rückstiche (Konturen Rosenkorb): Braun, sehr dunkel

Stiefmütterchen und Rosen

Ob Dinner im Kerzenschein oder sommerliches Abendessen – mit diesem entzückenden Set und der dazu passenden Serviette ist Ihr Tisch immer hübsch gedeckt. Auf Ihr Speiseservice abgestimmt oder auf die Blumen, die Sie üblicherweise auf den Tisch stellen, können Sie die Farbnuancen der Rosen und Stiefmütterchen nach Lust und Laune variieren. Und falls Sie nicht den rechten Randstreifen, sondern nur eine Ecke des Sets besticken möchten, läßt sich das Motiv ohne weiteres entsprechend anpassen.

Stiefmütterchen und Rosen

Material

*Für ein Set 33 cm x 47 cm und eine Serviette
40 cm x 40 cm, ca. 104 Fäden/10 cm:*

1 vorgefertigtes Set
1 vorgefertigte Serviette
Sticktwist in den angegebenen Farben
Sticknadel Nr. 24

Anmerkung: Kaufen Sie Stoff mit derselben Zahl von Gewebefäden, falls Sie anstelle vorgefertigter Teile Meterware bevorzugen. Sticken Sie zunächst das Motiv, schneiden Sie dann Sets und Servietten auf das richtige Maß zu (einschließlich Fransen) und ziehen Sie 12 mm von der Kante entfernt einen Faden heraus. Entlang dieser Fransenkante jeden zweiten Gewebefaden sauber umstechen und dann unterhalb des Saumes alle Querfäden herausziehen.

Die Teile vorbereiten

Markieren Sie mit Heftfaden zunächst die horizontale Mittellinie des Sets und anschließend auf der rechten Seite 2,5 cm von der Fransenkante entfernt eine vertikale Linie. Nun die Mitte des Motivs auf der horizontalen Heftlinie plazieren und die rechte Kante des Motivs entlang der vertikalen Linie ausrichten. Auf der Serviette an einer Ecke 12 mm von der jeweiligen Kante entfernt zwei Linien heften; sie dienen als Grundlinien für das Plazieren des Motivs.
Platzdeckchen bzw. Serviette den Anleitungen auf Seite 5 entsprechend in einen Stickrahmen spannen.

Sticken

Sticken Sie beide Motive von der Mitte aus beginnend mit zwei Fäden in der Nadel und arbeiten Sie jeden Kreuzstich über zwei Gewebefäden. Achten Sie darauf, daß alle Deckstiche in dieselbe Richtung laufen und daß Sie in jeder Reihe in dieselben Löcher wie bei Ober- und Unterkante der vorangegangenen Reihe einstechen, damit keine Zwischenräume entstehen.
Die fertige Stickerei vorsichtig von links dämpfen und alle Fältchen glätten.

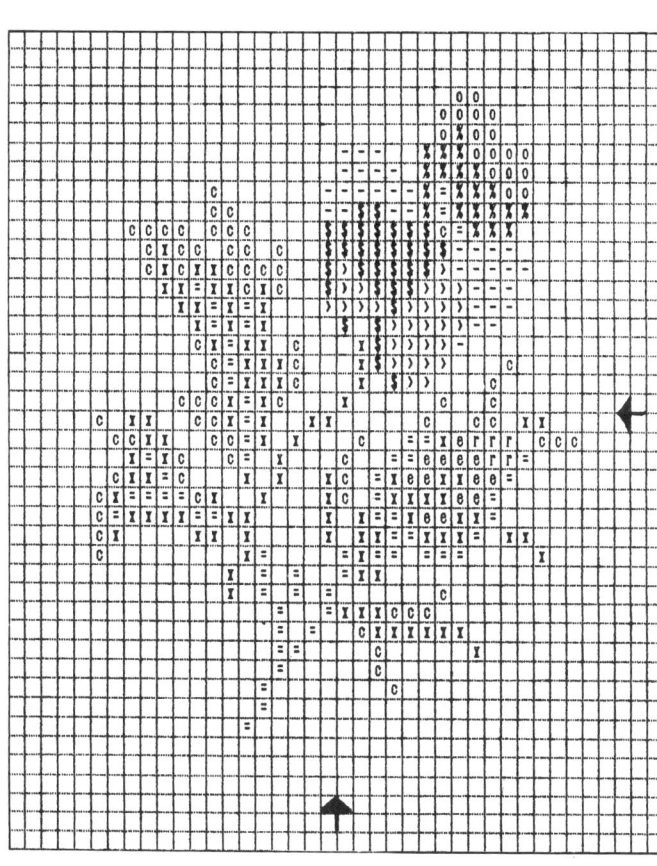

Stiefmütterchen und Rosen ◄

		DMC	ANCHOR	MADEIRA
‡	Hellrosa	3609	85	0710
∕	Rosa, mittel	3608	86	0709
r	Dunkelrosa	718	88	0707
e	Rosa, sehr dunkel	915	89	0705
−	Blaulila, hell	210	108	0803
⟩	Blaulila, mittel	208	111	0804
$	Blaulila, dunkel	562	210	1202
%	Hellgelb	3078	292	0102
o	Dunkelgelb	743	301	0113
c	Hellgrün	3052	844	1509
x	Mittelgrün	3347	266	1408
=	Dunkelgrün	3051	845	1508

Rosenparadies

Mit diesem nostalgischen Bild kommen
Gedanken an längst vergessene Tage auf
– Erinnerungen an verträumte Gärten auf
dem Lande, an friedvolle Beschaulichkeit
und den Wohlgeruch von Lavendel. Die
Kletterrosen rund um die Haustür sind
mit einer Fülle von Knötchenstichen
gestickt und wirken dadurch besonders
plastisch und üppig. Das Bild wurde hier
in einen tiefen Rahmen gesetzt. Ebenso
gut könnten Sie es aber auch mit einem
doppelten Passepartout einrahmen,
durch das sich der Eindruck räumlicher
Tiefe verstärkt.

Rosenparadies

Material

Für das Stickbild mit einer Motivgröße von 19,5 cm x 15 cm oder 119 x 85 Kreuzstichen und einem Rahmen von 23 cm x 18,5 cm:

30 cm x 25 cm weißer Stern-Aida-Stoff, ca. 54 Stiche/10 cm
Sticktwist in den angegebenen Farben
Sticknadel Nr. 24
Starkes Garn zum Aufziehen der Stickerei auf Karton
Karton zum Aufziehen in Rahmengröße
Rahmen und Passepartout nach Wahl

Sticken

Den Anleitungen auf Seite 5 entsprechend den Stoff vorbereiten und in einen Stickrahmen spannen. Sticken Sie das Motiv von der Mitte aus beginnend nach dem Zählmuster mit zwei Fäden in der Nadel und arbeiten Sie jeden Kreuzstich über ein Gewebequadrat. Achten Sie darauf, daß alle Deckstiche in dieselbe Richtung laufen und daß Sie in jeder Reihe in dieselben Löcher wie bei der Ober- und Unterkante der vorangehenden Reihe einstechen, damit keine Zwischenräume entstehen.
Arbeiten Sie alle Konturen und Akzente mit dunkelgrünen, einfädig gestickten Rückstichen heraus. Die Rosen werden in mittlerem und dunklem Rosa dicht an dicht im Knötchenstich gestickt. Nehmen Sie sechs Fäden, also den ungeteilten Sticktwist, in die Nadel und schlingen Sie den Sticktwist ganz nach Belieben ein- oder zweimal um die Nadel, so daß die einzelnen Blütensträußchen unterschiedlich ausgeprägt plastisch hervortreten.

Fertigstellen

Die fertige Stickerei von links dämpfen und den Anleitungen auf Seite 6 entsprechend aufziehen. Nehmen Sie ein Passepartout und einen Rahmen, die beide mit dem nostalgischen Charme des Bildes harmonieren.

Rosenparadies		DMC	ANCHOR	MADEIRA
╱	Hellrosa	776	73	0606
:	Rosa, mittel	894	26	0408
<	Dunkelrosa	891	29	0412
╲	Blaulila, hell	210	108	0803
>	Blaulila, mittel	208	111	0804
%	Blaulila, dunkel	550	101	0714

		DMC	ANCHOR	MADEIRA
c	Creme	746	275	0101
+	Gold, hell	676	887	2208
n	Gold, mittel	729	890	2209
g	Geld, dunkel	680	901	2210
v	Gelb	743	301	0113
‡	Hellblau	799	130	0910

		DMC	ANCHOR	MADEIRA			DMC	ANCHOR	MADEIRA
=	Dunkelblau	798	131	0911	?	Dunkelbraun	829	906	2106
−	Hellgrün	3348	264	1409	o	Hellgrau	762	234	1804
г	Mittelgrün	3347	266	1408	z	Dunkelgrau	414	399	1801
s	Dunkelgrün	3345	268	1406					
@	Grün, sehr dunkel	936	263	1507					
x	Hellbraun	434	365	2009					

Körbe und Kränze

Duftige Spitze und zarte Blüten verleihen diesen Kissen den Charme romantischer Verspieltheit. Zu den leuchtenden Farbtönen der Rosen schaffen das sanftere Blau und Blaulila der übrigen Blüten ein harmonisches Gegengewicht. Als dekorative Accessoires sind diese Kissen eine Zierde für jedes Heim.

Körbe und Kränze

Material

Pro Kissen 40 cm x 40 cm:

21,5 cm x 21,5 cm weißer Stern-Aida-Stoff,
ca. 54 Stiche/10 cm
Sticktwist in den angegebenen Farben
Sticknadel Nr. 24
42 cm x 42 cm weißer Spitzenstoff
2 Stücke weißer Unterstoff, je 42 cm x 42 cm
85 cm fertige Spitzenrüsche, 5 cm breit, für den gestickten
Einsatz
1,8 m fertige Spitzenrüsche, 4 cm breit, für die Kante
der Kissenhülle
Kissen 42,5 cm x 42,5 cm

Anmerkung: Wenn Sie den Bezug nicht zunähen, sondern
einen sogenannten Hotelverschluß für den Kissenbezug
arbeiten wollen (das Kissen wird durch eine Öffnung auf der
Rückseite der Hülle geschoben), brauchen Sie statt der zwei
Unterstoffquadrate drei mit folgenden Maßen: je ein Stück
mit 42 cm x 42 cm, 42 cm x 33 cm, 42 cm x 23 cm.

Sticken

Den Anleitungen auf Seite 5 entsprechend den Stoff
vorbereiten und in einen Stickrahmen spannen. Sticken
Sie jedes Motiv von der Mitte aus beginnend nach dem
Zählmuster und nehmen Sie zwei Fäden in die Nadel.
Arbeiten Sie den Kreuzstich über ein Gewebequadrat,
achten Sie darauf, daß alle Deckstiche in dieselbe Richtung laufen und daß Sie in jeder Reihe in dieselben
Löcher wie bei der Ober- oder Unterkante der vorangehenden Reihe einstechen, damit keine Zwischenräume
entstehen.

Fertigstellen

Alle drei Kissenhüllen werden auf dieselbe Weise fertig-
gestellt. Die fertige Stickerei vorsichtig von links dämpfen; anschließend alle Seiten 12 mm breit säumen und
die Ecken den Anleitungen auf Seite 6 entsprechend
abschrägen. Die 5 cm breite Spitzenrüsche knapp unterhalb der Saumkante rund um das bestickte Teil heften und die Schmalseiten der Rüsche mit einer schmalen französischen Naht schließen.
Die Stickerei auf Mitte ausgerichtet auf den Spitzenstoff
legen, feststecken und dann entlang der Kante durch
alle Lagen hindurch mit Hohlstichen aufnähen. Die
Schmalkanten der 4 cm breiten Spitzenrüsche gleich-

Körbe und Kränze ▶		DMC	ANCHOR	MADEIRA
⟨	Hellrosa	776	73	0606
+	Rosa, mittel	894	26	0408
o	Dunkelrosa	892	28	0413
@	Blaulila	208	111	0804
v	Gelb	745	292	0112
%	Hellblau	932	920	1602
−	Dunkelblau	930	922	1005
s	Hellgrün	369	213	1309
=	Mittelgrün	368	214	1310
‡	Dunkelgrün	367	216	1312
x	Hellbraun	950	882	2309
⟩	Dunkelbraun	407	914	2312

Anmerkung: Dieselbe Farbzusammenstellung gilt für
die Motive auf den Seiten 30 und 31.

falls mit einer schmalen französischen Naht zusammennähen und die Rüsche rechts auf rechts auf die
Kanten des Spitzenstoffes aufstecken und heften. Die
geraden Kanten der Rüsche sollten dabei knapp innerhalb der Nahtzugabe des Spitzenstoffes liegen.
Eines der beiden Unterstoffteile mit der rechten Seite
nach oben hinlegen, den Spitzenstoff mit der linken
Seite darauflegen und feststecken. Unterstoff, Spitzenstoff und Rüsche zusammenheften und so steppen,
daß die gerade Kante der Spitzenrüsche knapp innerhalb der 12 mm breiten Nahtzugabe liegt.
Das zweite Stück Unterstoff und die fertige Kissenober-
seite rechts auf rechts legen, zusammensteppen und
an einer Seite einen 25 cm langen Schlitz offenlassen.
Die Kissenhülle wenden, das Kissen hineinstecken und
den Schlitz mit Hohlstichen schließen.

Kissenhülle mit Hotelverschluß

Bevorzugen Sie einen Kissenbezug, der sich zum Wa-
schen mit einem Handgriff abziehen und wieder über-
streifen läßt, können Sie auf der Rückseite einen Hotelverschluß arbeiten. Stellen Sie die Oberseite der Kissenhülle wie beschrieben fertig. Nehmen Sie nun das
breitere der beiden Unterstoffstücke, versäubern Sie
eine der beiden Längskanten und bügeln und nähen Sie
einen 12 mm breiten Saum. Nun eine der beiden Längskanten des schmaleren Unterstoffteiles zunächst 6 mm
und dann nochmals 12 mm einschlagen und den Saum
steppen. Das schmalere Stück so auf das breitere legen,
daß die gesäumten Kanten einander überlappen und
beide Teile zusammen ein Quadrat von 42 x 42 cm er-
geben. Beide Teile aufeinanderheften und an den Seiten zusammensteppen.
Die so vorbereitete Rückseite und die Oberseite des Kis-
senbezuges rechts auf rechts aufeinanderlegen und
rundherum mit einer 12 mm breiten Naht zusammensteppen. Den Bezug und das Kissen durch die Öffnung
auf der Rückseite hineinstopfen.

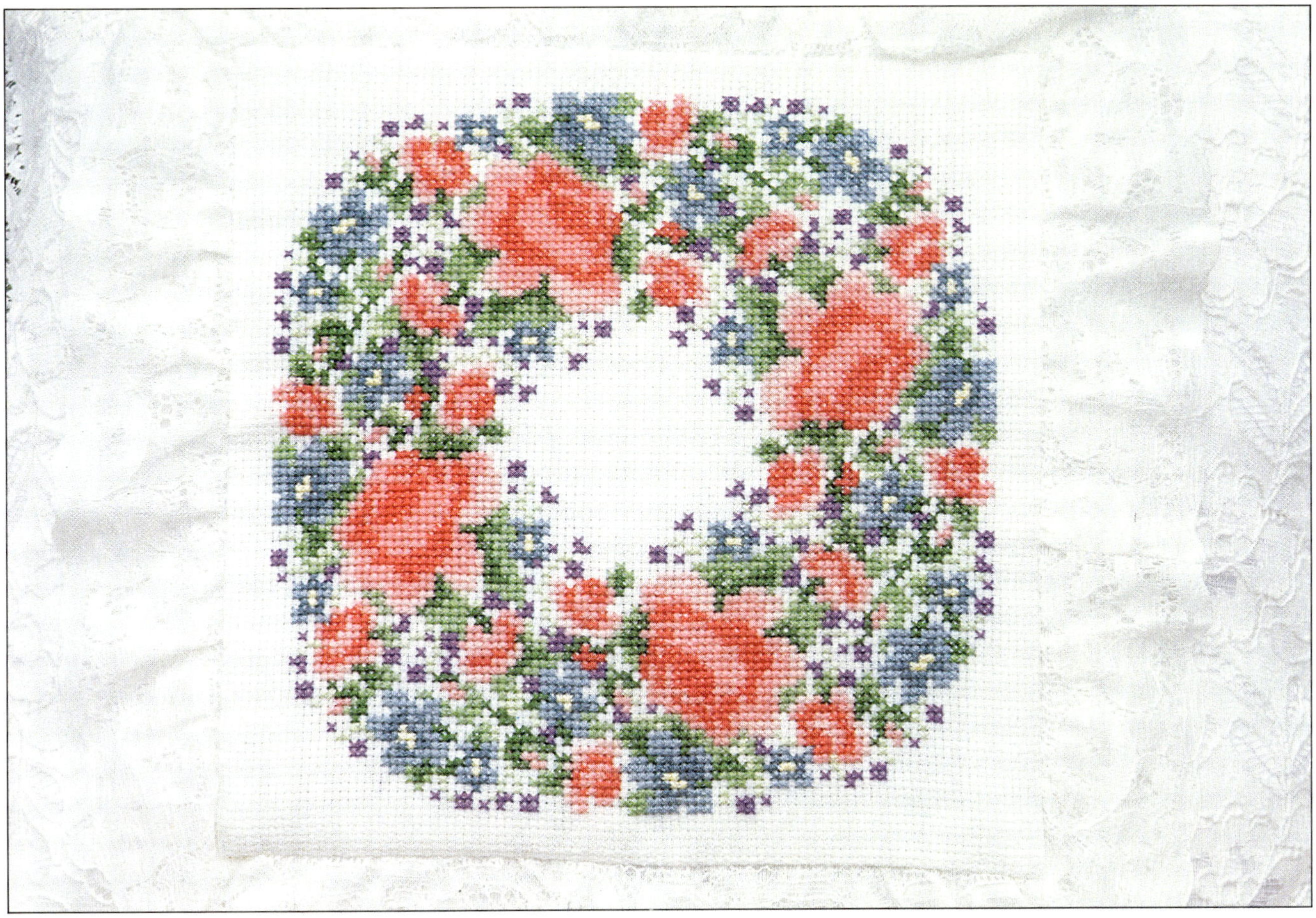

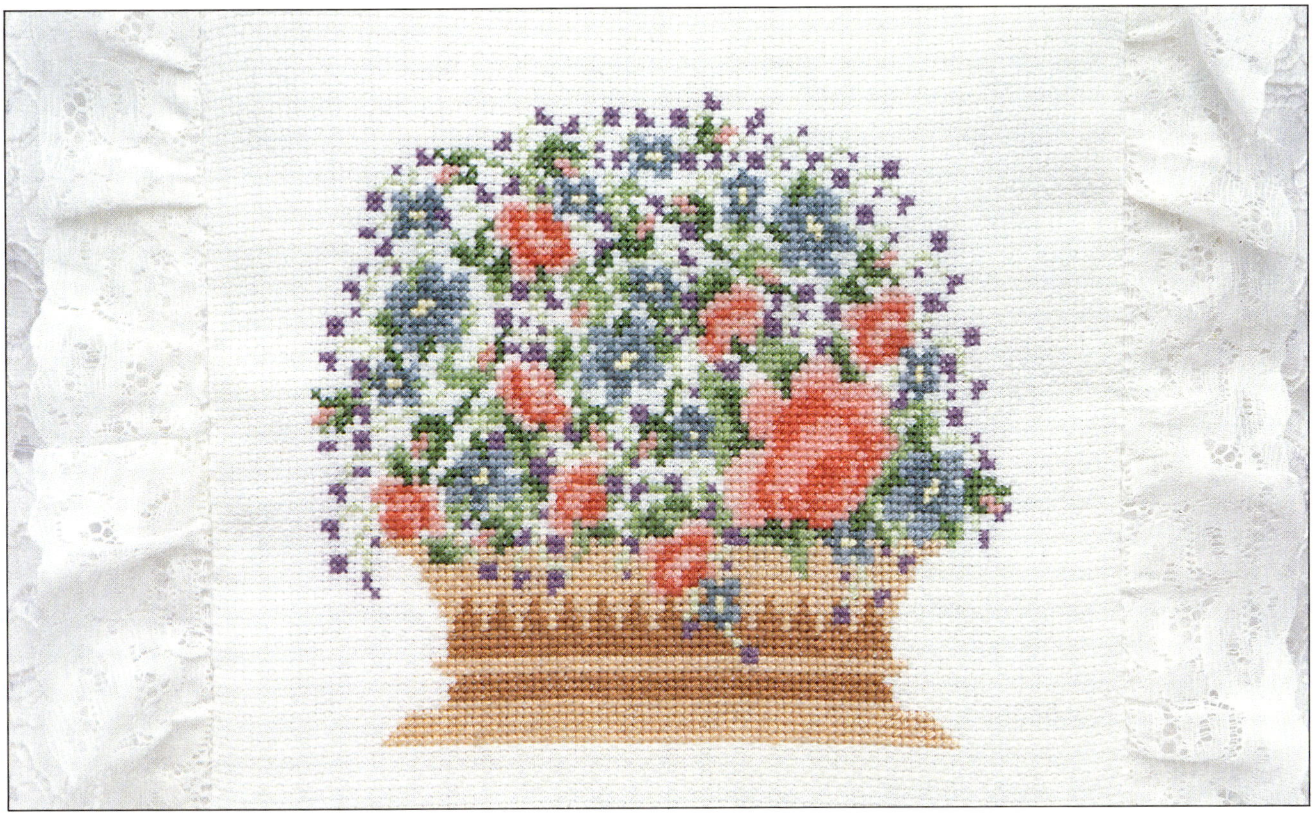

Kissen mit Blumenkorb ▲

Kissen mit Blütenkranz ▶

Sommerbild

Ein Bouquet aus pfirsich- und rosafar-
benen Rosen – so frisch wie ein junger
Sommermorgen. Die zarten Nuancen der
Rosen machen dieses Bild zur Augen-
weide für die Liebhaber von Pastelltönen.
Mit dunklen Rosa- und Rottönen gestickt,
strahlt das Motiv Wärme und
Lebendigkeit aus. Hier wurde die Stickerei
als Bild aufgezogen; ebensogut könnten
Sie sie aber auch, ähnlich den
vorangegangenen Modellen, in eine
Kissenhülle einarbeiten.

Sommerbild

Material

Für das Stickbild mit einer Motivgröße von 19 cm x 19 cm oder 110 x 108 Kreuzstichen und einem Rahmen von 36 cm x 36 cm:

29 cm x 29 cm weißer Stern-Aida-Stoff, ca. 54 Stiche/10 cm
Sticktwist in den angegebenen Farben
Sticknadel Nr. 24
Starkes Garn zum Aufziehen der Stickerei auf Karton
Karton zum Aufziehen in Rahmengröße
Rahmen und Passepartout nach Wahl

Sticken

Den Anleitungen auf Seite 5 entsprechend den Stoff vorbereiten und in einen Stickrahmen spannen. Sticken Sie das Bild von der Mitte aus beginnend nach dem Zählmuster und nehmen Sie zwei Fäden in die Nadel. Arbeiten Sie jeden Kreuzstich über ein Gewebequadrat und achten Sie darauf, daß alle Deckstiche in dieselbe Richtung laufen. In jeder Reihe in dieselben Löcher wie bei der Ober- und Unterkante der vorangehenden Reihe einstechen, damit keine Zwischenräume entstehen.

Fertigstellen

Die fertige Stickerei vorsichtig von links dämpfen und den Anleitungen auf Seite 6 entsprechend aufziehen. Passepartout und Rahmen sollten mit der Farbe des Raumes harmonieren.

Sommerbild ▶		DMC	ANCHOR	MADEIRA
‡	Hellrosa	3689	66	0606
∕	Rosa, mittel	3688	68	0605
r	Dunkelrosa	3687	69	0604
e	Rosa, sehr dunkel	3685	70	0514
%	Pfirsich, hell	948	778	0306
a	Pfirsich, mittel	754	868	0305
o	Pfirsich, dunkel	353	6	0304
n	Pfirsich, sehr dunkel	352	9	0303
c	Hellgrün	3348	264	1409
x	Mittelgrün	3347	266	1408
=	Dunkelgrün	937	268	1504
s	Hellbraun	950	882	2309
@	Dunkelbraun	407	914	2312

Grußkarten

Einerlei, welche der reizenden Grußkarten
Sie sticken – die fertige Karte kann man
rahmen, so daß sie zur bleibenden Erin-
nerung an ein besonderes Ereignis wird.

Grußkarten

Material

Für die Motive „Rosengebinde" oder „Wildrose",
15 cm x 20,5 cm, Passepartout-Ausschnitt 11 cm x 15 cm:

15 cm x 19 cm cremefarbener Fein-Aida-Stoff,
ca. 70 Stiche/10 cm
Sticktwist in den angegebenen Farben
Sticknadel Nr. 24
Selbstklebende Passepartout-Karte in passender Größe

Wildrose ▶		DMC	ANCHOR	MADEIRA
–	Hellrosa	818	48	0502
:	Rosa, mittel	776	73	0606
o	Dunkelrosa	899	40	0609
+	Hellgelb	3078	292	0102
c	Gelb	743	301	0113
<	Hellgrün	3348	264	1409
%	Mittelgrün	3347	266	1408
‡	Dunkelgrün	3345	268	1406
x	Hellbraun	434	365	2009
s	Mittelbraun	829	906	2106

Sticken

Bereiten Sie den Anleitungen auf Seite 5 entsprechend den Stoff für die Grußkarte vor und spannen Sie ihn in einen Stickrahmen. Sticken Sie jedes Motiv von der Mitte aus beginnend nach dem Zählmuster und nehmen Sie einen Faden in die Nadel. Jeden Kreuzstich über ein Gewebequadrat arbeiten. Achten Sie darauf, daß alle Deckstiche in dieselbe Richtung laufen und daß Sie in jeder Reihe in dieselben Löcher wie bei der Ober- und Unterkante der vorangehenden Reihe einstechen, damit keine Zwischenräume entstehen.

Fertigstellen

Die Stickerei auf Größe des Passepartout-Ausschnittes plus rundum 12 mm zurückschneiden, das selbstklebende Passepartout aufklappen und das Stickbild so auf die Rückseite des Ausschnittes auflegen, daß es genau in der Mitte sitzt. Die Karte wieder falten und fest zusammendrücken. Mitunter muß man beim Zusammenkleben mit einem Tröpfchen Klebstoff nachhelfen.

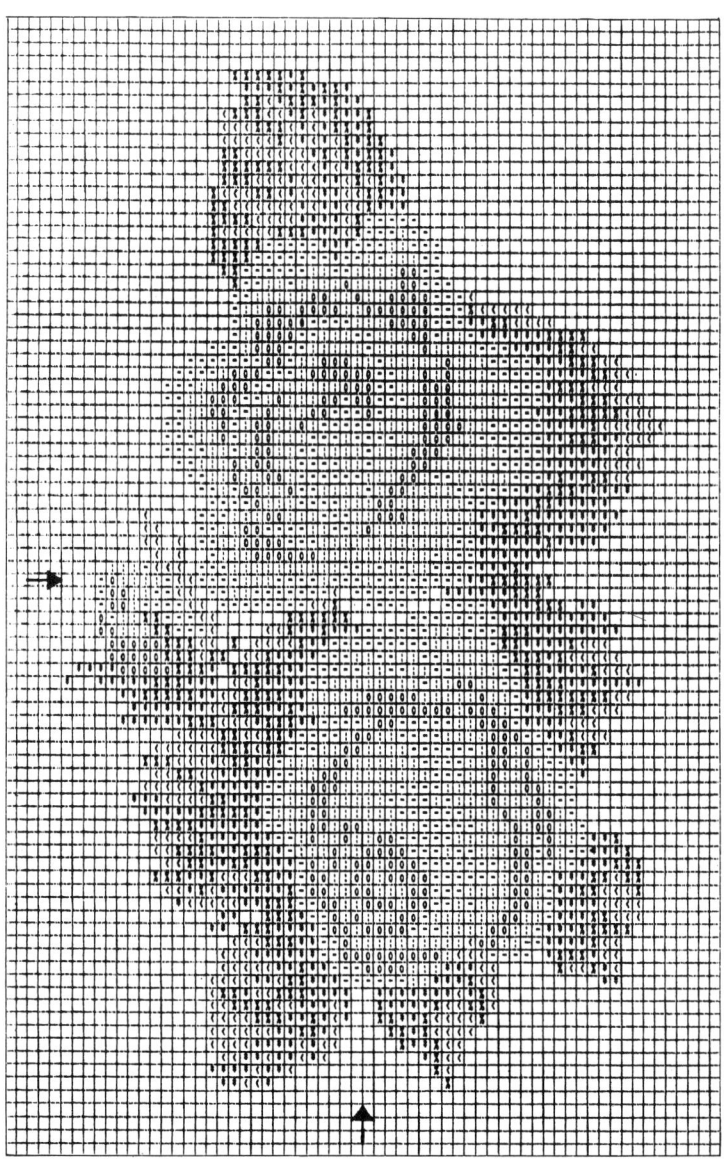

Rosengebinde ◀		DMC	ANCHOR	MADEIRA
–	Hellrosa	894	26	0408
:	Rosa, mittel	892	28	0413
o	Dunkelrosa	304	47	0511
‹	Hellgrün	3348	264	1409
%	Mittelgrün	3052	844	1509
‡	Dunkelgrün	3051	845	1508

Rosenkränze ▶		DMC	ANCHOR	MADEIRA
%	Hellrosa	776	73	0606
o	Rosa, mittel	899	40	0609
=	Dunkelrosa	309	42	0510
a	Pfirsich, hell	948	778	0306
s	Pfirsich, mittel	353	6	0304
+	Pfirsich, dunkel	754	686	0305
I	Gelb	743	301	0113
v	Hellblau	932	920	1602
n	Mittelblau	931	921	1003
e	Dunkelblau	930	922	1005
–	Hellgrün	3348	264	1409
x	Mittelgrün	470	266	1502
∕	Dunkelgrün	936	263	1507

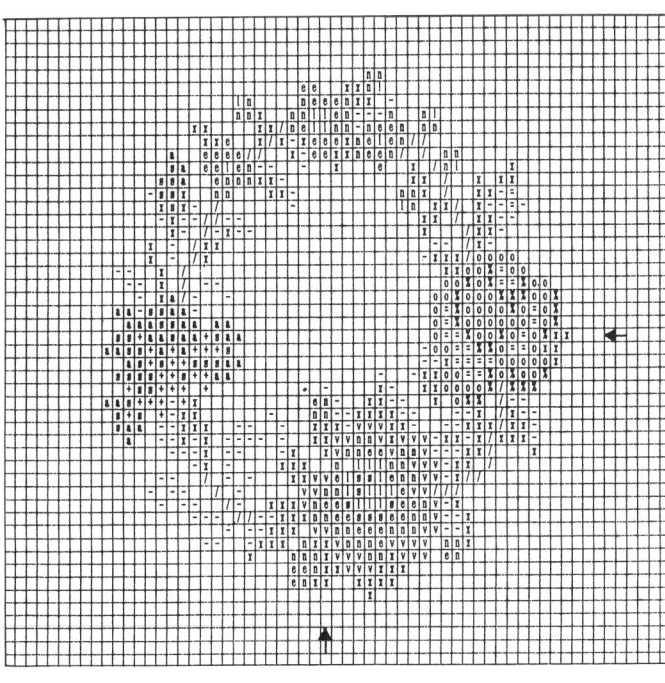

Wilde Rosen

In jedem Buch über Rosen werden Sie neben dem populären Namen Ihrer Lieblingsarten und -sorten auch deren wissenschaftliche Bezeichnung finden. Auf diesem Mustertuch rahmen die botanischen Namen die wunderschönen Blüten von vier Wildrosenarten ein. In einem Rahmen, der stilistisch mit dem Motiv harmoniert, wird dieses hübsche Stickbild zu einem dekorativen Blickfang.

Wilde Rosen

Material

*Für das Stickbild mit einer Motivgröße von
17 cm x 23,5 cm oder 103 x 133 Kreuzstichen und einem
Rahmen von 27,5 cm x 33 cm:*

27 cm x 33,5 cm cremefarbener Stern-Aida-Stoff,
ca. 54 Stiche/10 cm
Sticktwist in den angegebenen Farben
Sticknadel Nr. 24
Starkes Garn zum Aufziehen der Stickerei auf Karton
Karton zum Aufziehen in Rahmengröße
Rahmen nach Wahl

Sticken

Den Anleitungen auf Seite 5 entsprechend den Stoff
vorbereiten und in einen Stickrahmen spannen. Sticken
Sie das Motiv von der Mitte aus beginnend nach dem
Zählmuster mit zwei Fäden in der Nadel und arbeiten
Sie jeden Kreuzstich über ein Gewebequadrat. Achten
Sie darauf, daß alle Deckstiche in dieselbe Richtung lau-
fen und daß Sie in jeder Reihe in dieselben Löcher wie
bei der Ober- und Unterkante der vorangehenden
Reihe einstechen, damit keine Zwischenräume entste-
hen.

Sticken Sie die Samenkörner in der linken unteren Ecke
mit Knötchenstichen. Arbeiten Sie dabei mit sechs bzw.
drei Fäden der Farben Hell- und Mittelgrün, schlingen
Sie den Sticktwist einmal um die Nadel und orientieren

Sie sich beim Sticken an der Abbildung. Die geraden Linien werden mit hellgrünen, dreifädigen Rückstichen
gestickt.

Die botanischen Namen mit zweifädigen, dunkelbraunen Rückstichen „schreiben" und die Zweige zweifädig
mit mittelbraunem Sticktwist arbeiten.

Fertigstellen

Die fertige Stickerei vorsichtig von links dämpfen, den
Anleitungen auf Seite 6 entsprechend aufziehen und
das Bild in einen herkömmlichen Rahmen einpassen.

Wildrose ▶		DMC	ANCHOR	MADEIRA
‡	Hellrosa	605	50	0613
/	Rosa, mittel	604	60	0614
r	Dunkelrosa	603	62	0701
e	Rosa, sehr dunkel	602	63	0702
−	Blaulila, hell	210	108	0803
>	Blaulila, mittel	208	111	0804
$	Blaulila, dunkel	550	101	0714
%	Hellgelb	3078	292	0102
a	Mittelgelb	743	301	0113
o	Dunkelgelb	742	302	0107
c	Hellgrün	3348	264	1409
x	Mittelgrün	3347	266	1408
=	Dunkelgrün	937	268	1504
s	Hellbraun	640	393	1905
\	Mittelbraun	841	378	1911
	Dunkelbraun*	938	381	2005

*Rückstiche: Dunkelbraun

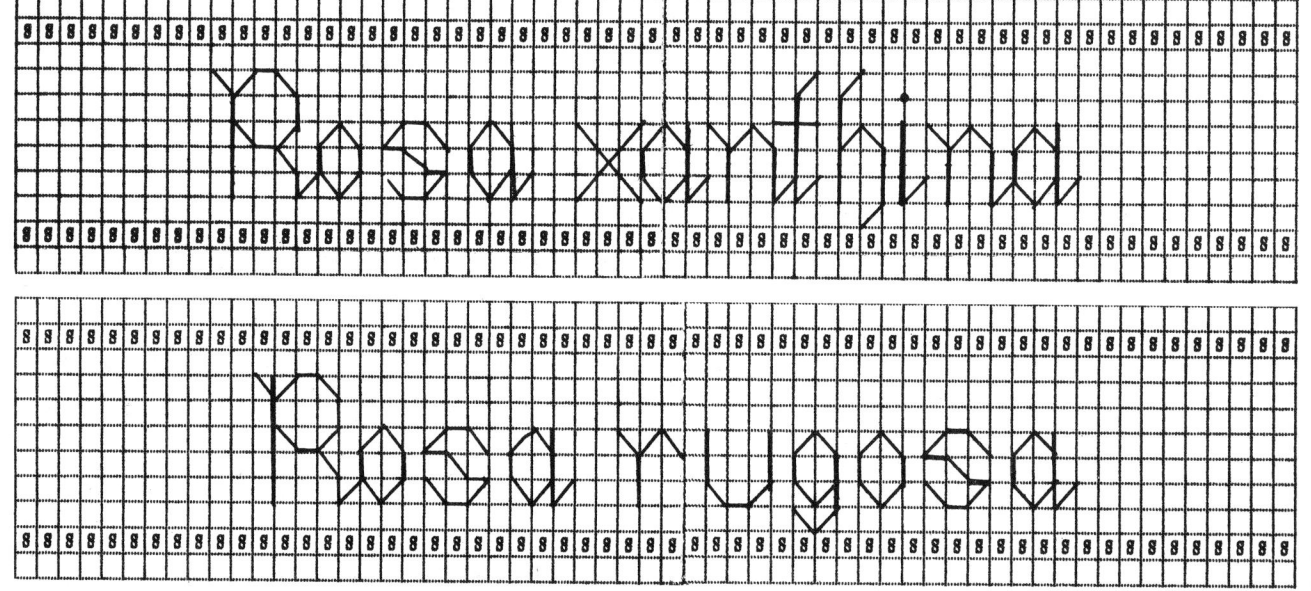

Kleine Geschenke

Kleine Geschenke erhalten die Freundschaft – ein mit einer pfirsichfarbenen Rose besticktes und mit Wäschespitze besetztes Nadelkissen oder das mit getrockneten Lavendelblüten gefüllte Duftsäckchen, dessen Wohlgeruch das ganze Jahr über an den Sommer erinnert. Und über ein besticktes Lesezeichen wird sich jede Leseratte freuen.

Kleine Geschenke

Material

Für das Nadelkissen, 17,5 cm x 17,5 cm:

25 cm x 25 cm cremefarbener Stern-Aida-Stoff,
ca. 54 Stiche/10 cm
20 cm x 20 cm cremefarbener Unterstoff
1,6 m cremefarbene Wäschespitze, 5 cm breit
4 Stoffröschen in blassem Pfirsichton
Sticktwist in den in der Tabelle angeführten Farben
Sticknadel Nr. 24
Synthetik-Füllwatte zum Ausstopfen

Für das Lavendelsäckchen, 12,5 cm x 17 cm:

20 cm x 22 cm cremefarbener Stern-Aida-Stoff,
54 Stiche/10 cm
15 cm x 17 cm cremefarbener Stoff für die Rückseite
35 cm cremefarbene Wäschespitze, 5 cm breit
50 cm pfirsichfarbenes Satinband, 6 mm breit
Sticktwist in den angegebenen Farben
Sticknadel Nr. 24

Für das Lesezeichen, 9 cm x 20,5 cm:

Sticktwist in den in der Tabelle angeführten Farben
Sticknadel Nr. 24
Vorgefertigtes, elfenbeinfarbenes Lesezeichen

Sticken

Bereiten Sie den Anleitungen auf Seite 5 entsprechend den Stoff für das Nadelkissen und das Lavendelsäckchen vor und spannen Sie ihn in einen Stickrahmen. Das Lesezeichen können Sie auch ohne Rahmen besticken.
Sticken Sie die Motive von der Mitte aus beginnend nach dem Zählmuster – für Nadelkissen und Lavendelsäckchen mit zwei Fäden und für das Lesezeichen mit einem Faden in der Nadel – und arbeiten Sie jeden Kreuzstich über ein Gewebequadrat.
Achten Sie darauf, daß alle Deckstiche in dieselbe Richtung laufen und daß Sie in jeder Reihe in dieselben Löcher wie bei der Ober- oder Unterkante der vorangehenden Reihe einstechen, damit keine Zwischenräume entstehen.

Fertigstellen

Lavendelsäckchen:
Die Stickerei auf ein Maß von 15 cm x 17 cm zurechtschneiden, Vorder- und Rückseite rechts auf rechts legen, heften und auf drei Seiten mit einer 12 mm breiten Naht zusammensteppen. Das Säckchen auf die rechte Seite drehen und die Oberkante 12 mm breit nach innen umschlagen. Die Schmalkanten der Wäschespitze mit einer schmalen französischen Naht zusammenfügen und die geraden Kanten einreihen. Die Borte auf die richtige Länge zusammenziehen und mit der rechte Seite nach oben unter die Oberkante des Säckchens heften und ansteppen.
Das Säckchen vorsichtig dämpfen, mit Lavendelblüten füllen und zwischen den beiden Stickmotiven mit dem Satinband zubinden.

Lavendelsäckchen ▼

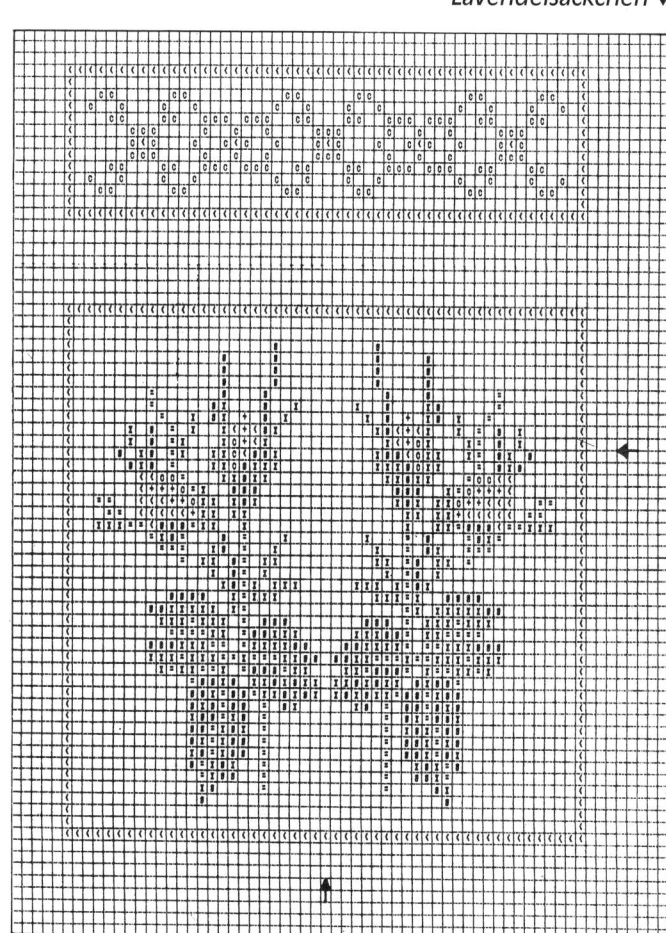

Nadelkissen:

Schneiden Sie die Stickerei auf ein Maß von 20 cm x 20 cm zurecht. Die Schmalseiten der Wäschespitze mit einer schmalen französischen Naht zusammennähen und die Spitze entlang der geraden Kante einreihen. Den Reihfaden auf die erforderliche Länge zusammenziehen und die Rüsche rechts auf rechts so auf die Stickerei auflegen, daß ihre geraden Kanten knapp innerhalb der 12 mm breiten Nahtzugabe liegen. Die Rüsche aufheften, dabei an den Ecken füllig zurechtzupfen, und steppen.

Stickerei und Unterstoff rechts auf rechts aufeinanderlegen, feststecken und absteppen. An einer Seite einen 5 cm langen Schlitz offenlassen. Die Ecken zurückschneiden, das Nadelkissen auf die rechte Seite drehen, mit der Füllwatte ausstopfen und die Öffnung mit Hohlstichen verschließen.

Lesezeichen, Lavendelsäckchen und Nadelkissen: ▼		DMC	ANCHOR	MADEIRA
c	Creme	746	275	0101
<	Pfirsich, hell	353	6	0304
+	Pfirsich, dunkel	352	9	0303
s	Hellgrün	3348	264	1409
x	Mittelgrün	3052	844	1509
=	Dunkelgrün*	936	263	1507

*Rückstiche (Konturen der Rose auf dem Nadelkissen): Dunkelgrün

Lesezeichen ▼

Nadelkissen ▼

DANKSAGUNGEN

Die Autorin dankt folgenden Personen für ihre
Mitarbeit bei der Gestaltung dieses Buches:
Kate Riley, Jenny Thorpe, Lyn Freeman, Cilla King,
Diane Teal und insbesondere Helen Burke.
Desgleichen gilt ihr Dank folgenden Sponsoren:
DMC Creative World Ltd. (Stoffe und Garne);
Mike Grey von Framecraft Miniatures Limited
(Tischwäsche, Schachtel und Bilderrahmen)
und der Belegschaft von Speedframe,
140 High Street, Lincoln, für ihre ausgezeichnete
Arbeit beim Rahmen der Bilder.